27
Ln 12157.

NOTICE

sur le

Général Baron LEJEUNE,

GRAND-OFFICIER DE LA LÉGION-D'HONNEUR,
CHEVALIER DE St-LOUIS,
GRAND'CROIX DE L'ORDRE DE L'ÉPÉE DE SUÈDE,
COMMANDANT DE L'ORDRE MILITAIRE DE St-MAXIMILIEN DE BAVIÈRE
ET CHEVALIER DE St-LÉOPOLD DE HONGRIE.

PAU,
IMPRIMERIE ET LITHOGRAPHIE É. VIGNANCOUR.

1864.

La collection des tableaux de batailles du général Lejeune, *appartenant à l'*Empereur, *Sa Majesté a daigné lui destiner une salle au Musée de Versailles, avec cette inscription :*

SALLE LEJEUNE
DONNÉE PAR L'EMPEREUR.

NOTICE.[1]

Né à Strasbourg en 1775, avec d'heureuses dispositions pour le dessin, Lejeune étudiait à l'académie de peinture à Paris, lorsqu'en 1792, l'enthousiasme national le fit partir avec tous les élèves réunis dans une compagnie dite des Beaux-Arts, et rejoindre l'armée de Champagne peu de temps avant la bataille de Valmy.

Rentré dans sa famille, la levée en masse l'appela de nouveau sous les drapeaux, et il fut incorporé dans un régiment du génie. Le général Jourdan, commandant l'armée de Sambre-et-Meuse, ayant demandé un interprète de langue allemande, le sergent Lejeune lui fut attaché en cette qualité, devint lieutenant de sapeurs, et fit la campagne de Hollande en 1794. Sur divers points du théâtre de la guerre on le chargea de nombreux travaux de fortification, et pendant plusieurs années, les missions confiées à son intelligence le préparèrent à de plus brillants succès.

A son retour d'Egypte, Bonaparte exigea des officiers

---

[1] Cette Notice et le Discours prononcé sur la tombe du général doivent précéder dans le livret la description des tableaux.

nommés dans les armes spéciales sans être passés aux écoles, un examen à la suite duquel ils devaient être conservés ou renvoyés dans le reste de l'armée. Le capitaine Lejeune se présenta, et frappé de l'exigence de l'abbé Bossut, son examinateur, si bienveillant pour les autres, il fut, le lendemain, lui en demander le motif. « Ne vous en plaignez pas, j'ai voulu connaître le fond du sac. » C'est sa propre expression ; et le même jour, il reçut une invitation à déjeuner chez le général Berthier, ministre de la guerre, qui lui proposa d'être son aide-de-camp.

Une nouvelle campagne d'Italie allait commencer : il partit avec son général, et bientôt, dans le passage des Alpes, le fort de Bard lui donna l'occasion de se distinguer en présence de toute l'armée. Le fort capitula, et l'armée put marcher de victoire en victoire sur Ivrée, Milan, Pavie, Montebello, Tortone et Marengo.

Dans ces nombreuses affaires, les missions des officiers d'état-major n'étaient pas toujours les plus dangereuses, car sur le lac de Lugano, il fut exposé à une effroyable tempête. Les brigands infestaient les routes et souvent assassinaient les officiers isolés et porteurs d'ordres, et c'est à force d'audace, de prudence, de départs subits sans escorte, que Lejeune échappa, plus ou moins difficilement, à ces dangers.

Après la mémorable bataille de Marengo, le premier Consul récompensa d'un grade tous les officiers de l'état-major général : toutefois, ne voulant pas sortir de l'arme du génie, le capitaine Lejeune revint sans avancement à Paris. Mais chargé de lever le plan des batailles et combats auxquels il assistait, il put, dans un premier tableau plein de vérité, celui de la bataille de Marengo, songer à présenter au public la gloire de nos armes.

Ce coup d'essai fut assez bien accueilli pour engager le premier Consul à donner au peintre les moyens de le faire graver, et désirer la reproduction du tableau par la manufacture des Gobelins : cependant la lumière lui ayant bientôt fait perdre de sa fraîcheur, et le travail devant durer de longues années, le capitaine Lejeune obtint l'autorisation de le retirer.

Dès cette époque, de fréquentes missions lui firent souvent parcourir d'immenses distances, et son amour de la belle nature meubla ses agendas de magnifiques vues dont le souvenir forma son goût et put déposer sur sa palette le riche coloris.

Le camp de Boulogne et la campagne d'Austerlitz le virent déployer son infatigable activité, et pendant cette dernière bataille il en saisit les quatre principaux épisodes, pour en faire ensuite le sujet d'autant de tableaux.

En revenant de Vienne, Lejeune repassa par Munich et fut présenter ses hommages au roi de Bavière. Dans sa jeunesse il l'avait beaucoup connu à Strasbourg, lorsque jeune prince Max il y venait, comme plusieurs autres princes allemands, jouir des plaisirs de la saison d'hiver. Le Roi le reçut de la manière la plus gracieuse, et le fit conduire chez les frères Sennefalder qui venaient de créer la lithographie. Lejeune dessina un cosaque sur une de leurs pierres, en obtint 100 épreuves, et introduisit, le premier, cette précieuse découverte en France. D'autres soins appelèrent son attention, et la lithographie commença seulement en 1812 à se répandre et à recevoir d'admirables perfectionnements.

Le court intervalle de paix jusqu'à la campagne de Prusse fut totalement rempli par des missions. Après la paix de Tilsitt, en 1807, chaque repos de nos armes fut consacré à de nouveaux tableaux, dans lesquels, au moyen des plans levés pendant ou aussitôt après la bataille, le commandant Lejeune put leur donner une telle vérité historique que le prince Jérôme, gouverneur des Invalides, ayant conduit ces honorables débris de nos guerres au Palais Royal où l'on en faisait une exposition, tous ces vieillards fondirent en larmes en reconnaissant l'ancien théâtre de leurs exploits.

Vers la fin de la guerre de Pologne, en 1807, le lieutenant-colonel Lejeune est envoyé pour activer le siège de Colberg, dont l'un des forts avancés lui paraît facile à prendre...... Chargez-vous-en donc, lui dit-on...... Une ruse lui réussit pour reconnaître les lieux, et prenant ensuite trois cents grenadiers, il s'élance sur les glacis. Les soldats prussiens, surpris, s'enfuient. Il leur ordonne en allemand de s'arrêter : étonnés ils obéissent et couvrent les nôtres sur lesquels le fort n'ose pas tirer ; l'assaut est donné et le fort emporté. Heureux de ce succès, Lejeune revient promptement en rendre compte à l'Empereur ; mais S. M. lui dit en riant : « et moi j'ai pris Colberg. Je viens de gagner la bataille de Friedland et suis maître de tout le pays. »

Bientôt après la paix de Tilsit, la politique de l'Empereur devant amener l'occupation de l'Espagne, le lieutenant-colonel Lejeune est chargé d'aller préparer à Madrid le voyage de Ferdinand VII à Bayonne.

Mais avant cette belle mission, Lejeune avait, dans un repos de six semaines, peint le bivouac de l'Empereur, la veille de la bataille d'Austerlitz, où ces épisodes de guerre sont retracés avec une vérité si frappante que la curiosité publique avait obligé l'administration des Musées de poser, devant ce tableau, des sentinelles.

Les évènements marchent avec rapidité : les révoltes succèdent à la prise de possession du roi Joseph ; l'armée française pénètre en force dans les provinces du Nord, et l'Empereur s'y rend pour ramener la soumission.

Pendant toutes ces opérations de guerre, les assassinats se multipliaient journellement, et les officiers d'état-major, presque toujours isolés, en étaient déjà de fréquentes victimes. Le lieutenant-colonel Lejeune, heureusement avait une grande présence d'esprit, et put en plusieurs circonstances conjurer le danger. Mais il est un hommage à rendre au caractère espagnol, celui de la loyauté et des services gratuits, en risquant même de se compromettre, lorsque votre confiance s'adressait à quelques-unes de ces âmes d'élite que possèdent toutes les classes de la population; et dans plusieurs circonstances, les plus favorables au crime, Lejeune trouva des protecteurs auxquels il dut la vie, comme le succès de ses missions.

L'Empereur se dirigeait sur Madrid, et le 29 novembre 1808, le mauvais état de la route l'arrêtait au Col de la Somo-Sierra et Buytrago. Ce défilé était facile à défendre, et néanmoins, le maréchal Victor, appuyé sur ses flancs, y fit entrer ses troupes, au milieu d'un brouillard assez épais pour ne rien voir à deux pas de soi. L'ennemi, fortement retranché, occupait le sommet et se croyait inexpugnable derrière de larges coupures faites à la route. Le général Bertrand, chargé de rétablir la chaussée, n'avançant pas assez au gré de l'Empereur, le lieutenant-colonel Lejeune fut envoyé en reconnaissance dans la montagne jusqu'à ce qu'il eut rencontré l'ennemi. Après avoir parcouru plusieurs kilomètres, toujours dans le brouillard, il entendit parler espagnol, mit pied à terre et suivit longtemps un mouvement de terrain qui lui parut un retranchement garni de canon. Il revenait sur ses pas, lorsqu'il se trouva en face d'un bataillon grimpant en silence. Le brouillard et la position le lui firent prendre pour un bataillon français : il dit à l'officier marchant en tête, « N'avancez pas par ici, un ravin vous arrêterait. » Aussitôt la colonne le mit en joue : il s'aperçoit de sa méprise et crie en espagnol : « Ne tirez pas, et rendez-vous, car j'ai trois régiments français derrière. » L'ennemi surpris à son tour, ne pouvant pas juger de la vérité, disparaît dans le brouillard et Lejeune porte ses renseignements à l'Empereur en l'informant que les cadavres d'une douzaine de français assassinés plusieurs jours avant étaient attachés deux à deux sous un pont encore éloigné. L'Empereur, étonné de ces détails, n'y voulait pas croire; mais les progrès de la bataille dont la commotion dissipa le brouillard, lui en prouvèrent la justesse. C'est la célèbre bataille de Somo-Sierra, où les chevau-légers polonais fournirent après les nôtres de si belles charges sur cette pente rapide que, le passage enlevé, la route de Madrid fut rendue libre à l'armée.

Les troupes espagnoles, battues dans plusieurs provinces, se retirent en partie dans Saragosse. Le siège en est confié au maréchal Lannes, et le lieutenant-colonel Lejeune est adjoint au général du génie Lacoste, pour en diriger les travaux. Les continuelles attaques de maisons, caractère spécial de ce siège, rendent les dangers, de tous les instants, et tandis qu'après s'être emparés ainsi d'une grande partie de la ville, tous deux examinent par une fenêtre les nouveaux travaux à faire, le général est tué, et lui-même est blessé. Cependant après une résistance héroïque, la ville capitule le 21 février 1809 ; Lejeune en porte la nouvelle à l'Empereur et est fait colonel.

Malgré tous les avantages obtenus en Espagne, et le rembarquement du reste de l'armée anglaise, l'Autriche songeait à nous faire de nouveau la guerre et réunissait ses forces. De son côté, l'Empereur donnait ses ordres, étudiait le terrain avec ses officiers d'état-major. Le colonel Lejeune travaillait à marquer les mouvements stratégiques, et lorsque le télégraphe eut annoncé la présence de l'ennemi sur l'Inn, dernière limite entre l'Autriche et la Bavière, l'Empereur envoya le prince Berthier prendre le commandement provisoire de l'armée.

Le prince Charles regrettait cette guerre ; le prince Berthier craignait de compromettre les plans de l'Empereur, et tous deux se tenaient sur la défensive. L'Empereur enfin arrive le 18 avril 1809 ; une chaleureuse proclamation électrise notre armée, produit un effet contraire chez l'ennemi auquel l'absence prolongée de Napoléon avait inspiré trop de confiance, et aussitôt commence la lutte de deux armées à peu près égales en nombre, qui vont offrir dans de nombreuses péripéties le drame le plus grandiose de tout l'Empire, et dont le colonel Lejeune a pu être un des acteurs les plus actifs.

Thann, Vobourg, où l'Empereur va se mettre à la tête des Wurtembergeois et des Bavarois, dont cette marque de confiance exalte le courage; Abensberg où ces dignes alliés se couvrent de gloire et font 18,000 prisonniers; Landshut défendu par deux ponts enflammés et de nombreuses colonnes en retraite, et comme les Espagnols à Saragosse, tirant par les fenêtres, ce qui cependant n'empêche pas la prise d'assaut, et celle de 30 pièces de canon, 9,000 prisonniers, avec plusieurs équipages de ponts; la bataille d'Eckmuhl où les deux armées se battent avec acharnement; le colonel Lejeune y fait avec la division de cuirassiers Nansouty, au-delà de prairies d'un sol mouvant, des charges d'une vigueur extraordinaire, charges renouvelées à la clarté de la lune contre les cuirassiers autrichiens, et dans la dernière desquelles, après une affreuse mêlée, l'ennemi cuirassé sur la poitrine seulement, perd en fuyant, beaucoup de monde; la prise de Ratisbonne après un deuxième assaut où le maréchal Lannes, voyant ses troupes indécises, se met à leur tête en leur disant : « Je vais vous montrer que je suis encore grenadier; » un combat dans les rues, avec la destruction d'une partie de la ville par l'incendie, et la reddition de 5 à 6,000 autrichiens épars dans les divers quartiers; tels furent en quatre journées d'hostilités, les brillants débuts de cette mémorable campagne.

L'ennemi se retirait précipitamment sur Vienne afin d'y arriver avant les corps d'armée français. Le colonel Lejeune fut envoyé à Salzbourg pour presser l'attaque contre les autrichiens dans le Tyrol et la vallée de la Salza. Il avait aussi pour mission de reconnaître la forteresse de Salzbourg et de la mettre promptement en état de former un bon point d'appui à l'armée. Ce pays montagneux, extrêmement riche en sites les plus pittoresques, en mines de sel gemme exploitées depuis des siècles, offrit au peintre de beaux souvenirs, et plus tard au militaire l'occasion de porter de rudes coups à la révolte des Tyroliens, et de sauver la vie à des émigrés français servant dans les rangs ennemis.

Ayant peu de jours après rejoint le quartier général, le colonel Lejeune put assister à la prise d'Ebersberg. C'était un passage très-important, défendu par de fortes positions couvertes de colonnes tirant à bout portant, une nombreuse artillerie criblant de boulets une longue chaussée, un pont très-étroit et toutes les murailles crénelées. Après un affreux carnage à la suite duquel, pour pénétrer dans la ville, il fallut, sur ce pont, fouler aux pieds les morts et les mourants, et jeter pêle mêle dans la Traun tout ce qui obstruait le passage, l'Empereur établit son bivouac au milieu de ses troupes fatiguées.

Le 11 mai, Vienne capitule : ainsi dans un mois, l'Empereur donne des fêtes à Paris, rejoint l'armée, bat l'ennemi dans toutes les rencontres et s'empare de sa capitale. Tout cependant n'est pas fini, le grand pont du Danube avait été brûlé et l'armée ne pouvait plus s'établir sur les deux rives. Il fallut donc se hâter de rétablir les communications pour aller au devant du prince Charles qui s'avançait avec toutes ses forces réunies. L'immense largeur du Danube, sa rapidité, sa profondeur et la présence de l'ennemi rendaient cette construction très-difficile; des reconnaissances au-dessous de Vienne désignèrent le village d'Ebersdoff, vis-à-vis Esling et Aspern, comme le point le plus favorable, et les généraux Pernetty, de l'artillerie, et Bertrand, du génie, furent chargés de l'établissement des ponts.

Comme aide de camp et comme officier du génie, le colonel Lejeune allait sans cesse activer les travaux et revenait en rendre compte. Le 20, le pont était terminé jusqu'à l'île de Lobau; mais le petit bras du Danube, de 40 à 50 mètres de largeur, exigeait encore de grands travaux pour établir sur la rive gauche les corps de Massena et du maréchal Lannes, déjà passés dans l'île de Lobau.

Ces ponts étroits et mal affermis encore exigeaient beaucoup de précautions dans le mouvement des troupes et de la cavalerie du maréchal Bessières.

Le 21 au point du jour, l'Empereur avait traversé avec 25,000 hommes seulement, et déjà l'on était très-engagé avec un ennemi quatre fois plus nombreux. La fonte hâtive des neiges et un violent orage augmentaient sans cesse la force du courant, rendaient les ponts vacillants et retardaient la marche des soldats. Cependant, malgré la supériorité numérique de l'ennemi, on avait obtenu sur lui de grands avantages ; et le prince Charles n'espérait plus rompre nos lignes, lorsque le vent, les vagues et des bateaux entraînés du haut du fleuve viennent briser une des travées du grand pont, entre la rive droite et l'île de Lobau. Dès lors, l'ennemi reforme ses colonnes, renouvelle ses attaques, et l'armée, hors d'état de recevoir les soixante mille hommes restés de l'autre côté du Danube, a beaucoup de peine à résister. Le petit pont menace à son tour ; le colonel Lejeune fait avec les marins de la garde de continuels efforts pour le préserver des brulots, des débris de toute espèce lancés contre lui, afin de conserver la ligne de retraite. Lejeune va en outre porter des ordres sur tous les points du champ de bataille, où la mitraille et les boulets labouraient la terre d'une manière extraordinaire. Dans une de ces missions, il demande au maréchal Lannes, à moitié couvert par l'épaulement d'un fossé, combien de temps il peut tenir : « Vous voyez encore 300 grenadiers, je tiendrai jusqu'au dernier. » Bientôt après cet illustre maréchal arrive seul à pied, près du pont où s'entassaient tous les blessés, sans pouvoir passer ; un boulet lui coupe les deux jambes !.... L'Empereur en est prévenu, il arrive, et reçoit les derniers adieux de ce vieil ami auquel il dut une partie de ses succès.

La bataille d'Esling avait duré deux jours et était perdue. L'Empereur ne voulait pas se retirer : Enfin il cède aux instances du prince Berthier ; malgré la nuit la plus obscure,

Lejeune parvient à faire armer de 14 avirons une barque avec des marins de la garde, cherche l'Empereur et le fait embarquer avec le prince, après avoir écrit l'ordre de retraite qu'il doit porter aux généraux. La barque éclairée d'une torche s'élance; mais une rafale de vent éteint aussitôt cette torche, et le lendemain, seulement, on apprit que l'Empereur avait heureusement abordé la rive droite, près d'Ebersdoff où ses premiers soins furent de procurer des vivres à l'armée.

En portant cet ordre de retraite à Massena, le colonel Lejeune sentit l'avantage de parler l'allemand, car au milieu de l'obscurité étant arrivé, sans le savoir, à l'un des villages occupés par l'ennemi, il entendit un qui vive allemand, y répondit et tourna bride aussitôt, au milieu d'une grêle de balles.

Commencèrent immédiatement sur une grande échelle les travaux de construction de trois larges ponts parallèles, de plusieurs autres petits, et de toutes les fortifications de campagne destinées à les soutenir, afin d'assurer le passage sur la rive gauche des troupes françaises, renforcées chaque jour par celles arrivant de France et d'Italie. Le prince Charles réorganisait également son armée, et devenait menaçant tant au-dessus de Vienne qu'au dessous de Presbourg où il faisait élever de grandes têtes de pont. Le colonel Lejeune allait sans cesse surveiller les mouvements, levait des plans, indiquait les travaux nécessaires. Cependant il put jouir de quelques moments de liberté, et fréquenta les artistes les plus distingués. Se rappelant un jour une de ces scènes, trop nombreuses, de maraude où le soldat échauffé par le vin, oublie quelquefois le respect dû aux choses sacrées, Lejeune représenta un de ces épisodes, et cette gouache fut montrée à l'Empereur. Sa Majesté blâma l'auteur d'avoir pu trouver dans ce désordre une scène comique, et lui fit donner le conseil d'employer seulement ses pinceaux à l'illustration de la France. Il ajouta même : « Lejeune est le héros de plusieurs traits d'éclatante bravoure; il devrait les représenter : son rare talent le seconderait pour ces compositions. »

Le prince Eugène avait battu les Autrichiens devant Raab; le général Lauriston eut l'ordre d'attaquer cette forteresse; Lejeune dut en reconnaître la position. Ne voulant aucune escorte il partit seul, bien monté, et leva le plan en parcourant les glacis. Aussitôt après la capitulation, Lejeune courut à Comorn qu'il était chargé de reconnaitre également. Du haut d'un plateau il fit son travail, et ce travail était presque terminé, lorsqu'une pluie de boulets vint le couvrir de poussière. Il poussa ensuite jusqu'à peu de distance de Pesth qui était dégarni de troupes, et revint à Schœnbrunn, avec la satisfaction d'avoir été le seul Français qui eût, les armes à la main, pénétré aussi loin dans la Hongrie. A peine arrivé, Lejeune retourne aux travaux des ponts, tandis qu'à Presbourg et sur plusieurs autres points du fleuve, les actions d'éclat se multiplient et entretiennent l'ennemi dans l'incertitude de nos mouvements d'attaque.

Le 2 juillet tous les préparatifs étaient enfin terminés ; l'île de Lobau avait d'excellentes fortifications; les troupes françaises présentaient un effectif de 170,000 hommes; la bataille de Wagram allait se livrer contre un ennemi fort de 200,000 combattants avec 800 canons.

Le 3, l'Empereur établit son quartier général dans l'île de Lobau, avec l'intention de tromper les autrichiens sur le point d'attaque. Le 4 au soir, un orage épouvantable favorise son dessein, et le lendemain matin, le prince Charles trouve une partie de notre armée établie sur sa gauche et en arrière de ses immenses retranchements, devenus dès-lors inutiles. Cette habile manœuvre lui fit perdre tous ses avantages.

La bataille s'engagea très-vivement sur tous les points, et continua jusqu'à 10 heures du soir. Les Saxons du général Bernadotte avaient forcé l'entrée du village de Wagram du côté opposé à celui par lequel le général Oudinot y pénétrait également. La nuit et la fumée les trompèrent tous deux au point de les faire tirer longtemps les uns sur les autres ; on y perdit beaucoup de monde, et cela facilita la reprise de Wagram par les Autrichiens.

Dans la nuit du 6, le colonel Lejeune parcourut la ligne et pénétra presque au milieu des camps autrichiens où l'on prenait les armes sans bruit pour s'avancer en bataille. La hauteur des blés l'aida dans sa retraite, et bientôt la fusillade s'étendit sur tout le centre de la ligne.

Toute la journée du 7 fut remplie de chances alternatives, de succès, de manœuvres, d'attaques audacieuses, de défenses glorieuses, et de charges à outrance. Enfin le moment attendu par l'Empereur étant arrivé, il porte à distance de pistolet, devant le centre de l'ennemi où se trouvait une formidable artillerie, 100 pièces de la garde avec sa réserve, balaie tout ce qui résiste, sépare les deux aîles, les repousse alternativement, et force le prince Charles à la retraite ; la bataille de Wagram est gagnée.

Immédiatement après, le colonel Lejeune fut envoyé sur la route de Hongrie pour reconnaître les mouvements de l'Archiduc Ferdinand ; il faisait encore jour lorsque revenant sans avoir rien vu d'inquiétant, il remarqua dans la plaine une espèce de panique désordonnée ; l'Empereur montait même à cheval en pantoufles, lorsqu'on apprit que plusieurs maraudeurs sabrés par des hussards autrichiens égarés avaient ainsi jeté une fausse alarme dans l'armée.

L'Empereur distribua des récompenses et le colonel Lejeune reçut le titre de baron. S. M. donna des ordres pour soigner indistinctement les blessés, et réorganisa les corps. On supprima le 9e formé de Saxons et commandé par le maréchal Bernadotte qui, mécontent, se retira.

Le prince Charles, poursuivi, se retirait en Moravie ; malgré quelques avantages momentanément obtenus le 11, il reconnut l'impossibilité de résister plus longtemps; alors au milieu d'un combat très animé, il envoya un parlementaire, et l'on cessa le feu aussitôt que l'ardeur des combattants permit d'entendre ces paroles de paix.

L'Empereur s'établit de nouveau à Schœnbrun, et chargea plusieurs fois le colonel Lejeune d'aller inspecter les hopitaux et porter des consolations aux blessés. Cependant, malgré tous les soins nécessaires à leur guérison, le tétanos et le typhus les emportait journellement par centaines, au milieu d'affreuses tortures.

Par suite de l'armistice, les Autrichiens avaient dû s'éloigner de Presbourg; Lejeune alla s'assurer de l'exécution de cette clause. Aussitôt après, il fut chargé de faire évacuer la Styrie, la Carinthie et le Tyrol dont les habitants étaient révoltés, et de réclamer douze pièces attachées à la division autrichienne Buol. A cette occasion, soutenu par la faible division italienne du général Rusca, et 8 pièces d'artillerie, il put forcer les officiers autrichiens excités par deux émigrés français, officiers supérieurs en Autriche, et par les tyroliens, à l'exécution du traité, et sauver ces émigrés d'un conseil de guerre, en refusant de les connaître.

Les tyroliens attaquèrent plusieurs fois par surprise, mais furent toujours repoussés avec une grande perte; Lejeune retourna bientôt au quartier général.

L'Empereur d'Autriche espérant quelques mouvements en sa faveur, tant de l'Angleterre que de la Prusse et du Tyrol autrichien, ne se hâtait point de conclure la paix. Les Tyroliens donnaient de l'inquiétude; une division bavaroise sous les ordres de leur prince royal ne suffisant pas, on y envoya deux autres divisions avec le maréchal Lefebvre comme commandant supérieur. Ses manières sévères et un peu rudes pour un jeune prince accoutumé aux égards nuisirent d'abord à leur bonne entente, et le colonel Lejeune fut chargé d'aller rétablir l'harmonie. Chacun y mit du sien; le maréchal se rendit à l'invitation à dîner du prince; on porta des toats, et la réconciliation fut sincère. On fit alors tous les approvisionnements nécessaires pour pousser cette guerre de montagnes avec vigueur ; des combats soutenus de part et d'autre avec acharnement firent tuer beaucoup de monde ; et l'on vint seulement à bout de ces révoltés, lorsque la signature du traité de paix leur montra l'inutilité d'une plus longue résistance.

Doutant encore des dispositions de l'Empereur d'Autriche qui ne se décida pas à la paix avant d'avoir indirectement eu sous les yeux un état de nos immenses et nouveaux préparatifs de guerre, Napoléon était resté à Munich, et le prince Berthier à Vienne.

Le colonel Lejeune alla complimenter à Cracovie l'armée polonaise commandée par le prince Poniatowski, de sa belle conduite pendant la campagne, et leur remit les récompenses dues à leur courage. Dans les revues et manœuvres d'une vingtaine de mille hommes, Lejeune remarqua déjà les changements introduits par le prince, et offrant un grand avantage devant l'ennemi, sur la lenteur des anciens mouvements.

Lejeune ne retrouva plus le prince Berthier à Vienne ; mais après avoir, d'après ses ordres, fait sauter les remparts de cette capitale, il le rejoignit à Munich où le roi de Bavière le combla de prévenances. Il revint avec le prince à Strasbourg, et put enfin rentrer le 22 novembre à Paris, où les fêtes les plus brillantes allaient être données aux troupes victorieuses.

Le 11 décembre, à l'une des fêtes offertes par le prince de Neufchâtel à Gros-Bois, l'impératrice Joséphine, attristée de son prochain divorce, arriva un peu tard ; Lejeune fut chargé de l'attendre et de l'accompagner. L'Impératrice lui rappela sa promesse de lui donner une copie du bivouac d'Austerlitz, et les yeux remplis de larmes, elle lui répéta plusieurs fois en lui pressant le bras et la main : « N'est-ce pas, vous ne m'oublierez pas, quelque chose qui m'arrive, n'est-ce pas ? »

Le 15, l'acte de divorce fut accompli, et tous les amis sincères de Leurs Majestés virent avec chagrin cet ange tutélaire s'éloigner du trône. L'Empereur alla plusieurs fois à la Malmaison épancher toute sa tendresse auprès de Joséphine ; mais par devoir il fit recommencer les fêtes.

Ainsi finit l'année 1809, considérée comme l'apogée de la grandeur impériale, car dans la récapitulation des travaux de cette période de douze mois, on voit : Madrid vaincu ; les Anglais repoussés et leur armée détruite au Ferrol ; Saragosse et l'Aragon conquis ; la Catalogne soumise ; l'insurrection battue dans toute l'Espagne : l'Italie et la France garanties des insultes de l'Angleterre ; l'Autriche repoussée de l'Italie, battue, conquise à Eckmuhl, Wagram, Znaïm, et jusqu'à Raab en Hongrie, les remparts de sa capitale abattus ; l'Autriche forcée de demander la paix ; le Tyrol soumis ; l'Illyrie, la Carinthie, la Dalmatie, Trieste, l'Adriatique réunis au grand Empire dont les extrémités sont portées au Nord, au-delà du Hanovre, à Hambourg, Dantzig, Varsovie et Cracovie, jusqu'aux confins de l'empire Ottoman ; tout cela, au profit des français et des rois leurs alliés !

Autant les jours de 1809 avaient été marqués par les opérations de la guerre, autant l'on consacra ceux de 1810 aux fêtes, au développement du commerce, des sciences et des travaux publics.

Le mariage avec l'archiduchesse Marie-Louise étant annoncé, le prince de Neufchâtel dut aller représenter l'Empereur à Vienne : le colonel Lejeune l'accompagna comme l'un des chevaliers de l'ambassade. Après les cérémonies du mariage, la cour se rendit au grand théâtre. L'Archiduchesse était à la droite de son père, et l'ambassade derrière. Se trouvant très-près de la princesse, Lejeune dessina son profil, d'une ressemblance frappante et l'emporta dans son agenda, lorsque le prince Berthier l'envoya pour annoncer à Napoléon le départ de l'Impératrice.

Arrivé à Compiègne où l'Empereur était venu attendre sa

nouvelle épouse, le colonel Lejeune l'accompagna dans son cabinet : questionné sur la ressemblance d'un portrait, il lui montra le profil inséré dans son agenda : l'Empereur s'écria de suite : « Ah ! c'est bien là la lèvre autrichienne des Hapsbourg ! » Ensuite il lui demanda mille détails sur l'Impéraratrice, sur sa famille. Deux jours après, impatient de la voir, il courut incognito au-devant d'elle à 15 lieues de Compiègne, et monta dans sa voiture où se trouvait la reine de Naples.

Le colonel Lejeune revint à Paris ; malgré toutes les solennités, il reprit sa palette et commença le tableau de la bataille de Somo-Sierra. Le 1.er juillet, à la grande fête donnée par le prince de Schwartzemberg, une étincelle mit le feu à l'une des draperies de gaze, et dans un instant l'incendie surmonta tous les efforts pour l'éteindre. Plusieurs dames moururent des suites de leurs brûlures, et la princesse de Schwartzemberg elle-même, rentrée dans les salons embrasés pour y chercher sa fille, déjà sauvée, y fut trouvée calcinée, et reconnue seulement à ses diamants. Lejeune avec un intime ami put aider quelques dames à sortir de cette fournaise, tandis que l'Empereur ayant vu l'impossibilité de se rendre maître du feu, emmenait l'Impératrice et revenait immédiatement donner les ordres nécessaires dans un tel désastre.

La grossesse de la jeune souveraine étant officiellement connue, les félicitations du 1.er janvier 1811 en furent d'autant plus vives et sincères.

Le tableau de Somo-Sierra terminé, fut exposé au salon, fixa la curiosité publique, et valut plusieurs fois à l'auteur les compliments de l'Empereur.

Les nouvelles d'Espagne étaient généralement bonnes : toutefois, les affaires confiées à plusieurs maréchaux ne marchaient pas avec assez d'ensemble, et laissaient ainsi beaucoup à désirer. Les bandes obstruaient les routes et rendaient les communications difficiles et périlleuses,

Les choses étaient dans cet état, lorsque le 15 février

l'Empereur chargea le colonel Lejeune d'aller inspecter les corps d'armée du midi de l'Espagne et de lui en faire connaître la situation et les besoins. Il devait également porter divers ordres aux généraux occupant les provinces dans cette direction. S. M. le congédia en lui disant : « qu'à votre retour j'aie vu l'armée. Allez prendre les ordres de la reine d'Espagne, et partez de suite. »

Arrivé à Bayonne, Lejeune continua sa route à franc-étrier, plusieurs officiers retournant à leur poste l'accompagnèrent : le voyage se fit tranquillement d'abord : mais bientôt les coups de fusil montrèrent la nécessité des précautions. Les fortes escortes étaient souvent indispensables; quelquefois cependant, une grande vitesse les rendait inutiles. Ainsi, jusqu'à Madrid et ensuite jusqu'à Séville où se trouvait le quartier-général du maréchal Soult, Lejeune put faire connaître à chaque autorité les intentions de l'Empereur. Partout où stationnaient des corps, où il existait des établissements militaires, il les examinait dans le plus grand détail, et adressait ses rapports à Paris. Dans une de ses courses, devant l'île de Léon, il vit le champ de bataille de Chiclana : deux jours auparavant s'y étaient battues avec acharnement une ligne de grenadiers français et une autre de troupes anglaises chargées de soutenir un convoi destiné à Cadix. Ces deux lignes avaient croisé la baïonnette ; aucune d'elles ne voulait céder, et sur la terre étaient encore entremêlés les rangs ennemis : des anglais même, avaient jeté leurs armes, avec l'espoir, en boxant, d'en finir plutôt.

Le colonel Lejeune rapportait les états de besoins des troupes, les mémoires de proposition pour les récompenses auxquelles avaient généralement si peu de part les corps ne combattant pas sous les ordres immédiats de l'Empereur : il emportait avec lui les vœux de toute l'armée, lorsque les escortes, fatiguées d'un service journalier, ne pouvaient plus être assez fortes pour résister aux surprises de tous les moments. Enfin entre Ségovie et Madrid, la nombreuse bande de cavalerie *del Medico* qui l'attendait depuis huit jours, et avait déjà détruit plusieurs détachements, tomba sur le sien, extrêmement faible, tua les dragons et l'entoura sans pouvoir, à cause de l'humidité des nuits, brûler sur lui, les amorces de leurs fusils. Désarmé par un coup de crosse, il allait être assommé, lorsque le chef de la bande, apprenant que c'était un colonel, lui sauva la vie, pour l'emmener prisonnier. Il fut entièrement dépouillé de ses vêtemens, avec trois autres prisonniers couverts de blessures. Entraînés ainsi dans un pays de montagnes, souvent sur le point d'être égorgés ou pendus, ils arrivèrent enfin à Mérida. La garnison anglaise les accueillit avec humanité, et Lejeune, à cause de son grade et de sa position bien connue, fut l'objet de beaucoup d'égards ; mais bientôt conduits à Lisbonne, on les embarqua pour l'Angleterre.

Au moment où il allait être enfermé dans un ponton avec d'autres malheureux prisonniers, il sauta sur un sabre et montra tant de fermeté qu'on le remit à terre et on l'envoya dans une ville de l'intérieur. Quelque temps après, le ministre de la police de France, aidant, il parvint à fuir, et une femme qui l'avait caché sur le bord de la mer, l'ayant retiré des mains d'un contrebandier dont l'habitude était d'assassiner en pleine mer les fugitifs, lui en procura un autre avec lequel il put aborder à Boulogne, et de là se rendre à Paris.

Conduit à St-Cloud par le prince Berthier, il vit l'Empereur entièrement préoccupé de ses préparatifs pour la guerre de Russie, et par conséquent, peu disposé à entendre les rapports, devenus inutiles à l'armée d'Espagne.

Le colonel Lejeune reprit ses fonctions au cabinet du prince major-général.

Le 5 mars, il reçut l'ordre d'aller voir dans le plus grand détail la portion, montant à 120 mille hommes, de l'armée occupant les bords de l'Oder, de la Vistule et toute la ligne des côtes de Dantzig à Stétin, où se trouvait le prince d'Eckmühl. Son rapport mit l'Empereur à même de satisfaire à tous les besoins.

Le 2 mai il fut à Sédan compléter l'organisation d'un corps polonais formé de deux régiments d'infanterie et deux de cavalerie, qu'il dirigea successivement sur la Vistule.

Rentré le 13 à Paris, il en repartit le 14 pour la Pologne où déjà il avait envoyé ses équipages, sans connaître encore le motif de ces agglomérations de troupes. L'Empereur y arriva le 2 juin, et de ce moment, le colonel Lejeune, toujours en mission, alla passer en revue les divisions prussiennes placées à la gauche de l'armée, tandis qu'un corps autrichien devait en occuper la droite : Mais par leur peu de zèle, ces deux nations, naguère nos ennemies, semblaient se préparer déjà au rôle que leur réservaient nos désastres futurs.

Réunie sur le Niemen, l'armée composée de 500 mille combattants de toutes les nations alliées ou soumises à la France, se déploya avec tout le luxe des plus belles troupes et l'horizon ne suffisait pas à cette ligne. Napoléon attendait une réponse favorable de l'empereur Alexandre auquel il voulait imposer le maintien en Russie du blocus continental. La réponse fut négative, et le Niémen, aussitôt franchi. On avança sans éprouver de résistance sérieuse; mais l'ennemi, en se retirant, brûlait tout derrière lui, et bientôt on ressentit les premières souffrances de la faim; partout où l'on s'arrêtait, soit pour se reposer, soit pour chercher des vivres, l'incendie nous précédait; quelques combats et la misère remplirent les hopitaux. Le froid se fit sentir de bonne heure; la résistance de l'ennemi augmenta graduellement, et l'on avait déjà perdu beaucoup de monde, lorsque le 7 septembre, à 26 lieues de Moscou, la bataille de la Moskowa, et la retraite des Russes, pendant la nuit, nous ouvrirent définitivement le chemin de l'ancienne capitale de la Russie. Dans cette sanglante bataille, les français perdirent 10 généraux ; 38 furent blessés, 10 colonels tués, et 40,000 hommes hors de combat; du côté des russes 35 généraux tués, blessés ou prisonniers, 52 mille hommes blessés ou tués, 5 mille prisonniers et 60 pièces de canon prises n'amenèrent cependant pas un résultat définitif.

Le colonel Lejeune, à la suite de cette grande bataille, fut nommé général, et devint chef d'état-major du maréchal Davoust.

On pénétra dans Moscou; mais aussitôt que l'on entrait dans une maison, dans un palais, le feu se déclarait; des russes feignant de sortir de l'hôpital et réclamant de notre pitié un asile, mettaient le feu aux matières préparées d'avance, et l'empereur lui-même fut au moment de ne pouvoir pas sortir du Kremlin qu'il occupait. Les portes étaient munies de ressorts que le moindre mouvement faisait agir sur des matières incendiaires. Un mois d'attente pendant lequel l'empereur Alexandre laissait espérer la paix afin de nous retenir et bientôt nous livrer à toutes les rigueurs du climat, rendit nécessaire l'évacuation de Moscou et la retraite à travers des provinces couvertes de forêts et déjà ravagées, où l'ennemi nous harcela sans cesse et nous réduisit aux dernières extrémités de la misère.

Chaque jour on brûlait des voitures, des chariots, des caissons dont les attelages n'existaient plus. A chaque bivouac on laissait, sans oser les compter, un grand nombre d'hommes épuisés par la faim, la dyssenterie ou gelés. L'ennemi, qui tous les soirs se retirait dans des villages sur les flancs de l'armée, revenait le lendemain en parfait état, attaquer les colonnes réduites à quelques centaines d'hommes : il causa, lors du passage des vastes marais de la Bérésina, un tel désordre que presque tout fut englouti dans les glaces. A Wilna, on trouva quelques vivres amenés des provinces polonaises; mais la température était devenue si meurtrière qu'elle détruisit en trois journées une magnifique division de douze mille jeunes soldats de l'arrière-ban arrivés de

France, sous les ordres du général Loison; il en périt la moitié dans le premier bivouac, et le surlendemain il n'en restait plus un seul.

Sur les instances de ses plus fidèles serviteurs, après avoir reconnu qu'il était resté trop longtemps à Moscou, l'Empereur, à trois journées avant Wilna, se décida, le 5 décembre, à quitter l'armée pour revenir en France où le rappelaient tant de graves intérêts. Le hasard, en cette circonstance, lui fut très-favorable, car les Cosaques occupaient en force les côtés de la route pour nous couper la retraite, et l'Empereur, avec une simple escorte de cent hommes, passa sans être aperçu, au milieu d'eux pendant leur premier sommeil. Il avait confié le commandement supérieur au roi Murat; mais bientôt trouvant cette charge trop lourde, celui-ci partit avec la Garde pour tâcher de mettre le Niémen entre les Cosaques et lui, et laissa l'armée au maréchal Ney.

Le général Lejeune avait perdu tous ses équipages, tous les employés à l'état-major, et ne pouvant plus remplir ses fonctions, il obtint, avec beaucoup de peine, son remplacement. Toutefois, son successeur, le général Charpentier, ne voulant pas rejoindre son poste, Lejeune, dut continuer le travail. Une fois, cependant, à Wilna, il prit congé du maréchal Davoust, put atteindre Kœnisberg, Dantzig, et de là partit pour Paris.

L'Empereur y était arrivé deux jours avant et s'occupait de la réorganisation de l'armée; le général Lejeune à peine rétabli de ses fatigues demanda de l'emploi et reçut l'ordre de rejoindre en Allemagne; à Magdebourg il trouva les divers corps établis sur l'Elbe et guerroyant déjà avec les Prussiens et les Russes. Le 17 avril 1813, l'Empereur étant arrivé avec les renforts venus d'Espagne et d'Italie, et le 2 mai, les Russes et les Prussiens s'étant avancés dans la plaine de Lutzen, l'Empereur les attaqua et remporta une grande victoire sur le même terrain où Gustave-Adolphe avait été tué le 6 novembre 1632. Le maréchal Bessières y fut emporté par un boulet.

Le même soir de cette bataille eut lieu un fait de guerre très-extraordinaire. Le général Compans, d'une bravoure et d'un sang froid admirables avait, dans la crainte d'une surprise, établi sa division par carrés isolés. Vers les 10 heures, un pressentiment le porte très au-delà des sentinelles : il écoute, entend un bruit de chevaux s'approchant au trot et ensuite au galop; il ne peut plus rejoindre, se met à crier « division Compans, aux armes, cavalerie, » et se jette la face contre terre. La colonne russe lui passe sur le corps; mais les carrés sont prêts, et une vive fusillade reçoit l'ennemi qui tourne bride et repasse sur le général sans lui faire aucune blessure.

Le 4 mai, le général Lejeune fut nommé chef d'état-major du maréchal Oudinot, commandant le 12ᵉ corps. Le 20, dans un des mouvements de ce corps, le chef d'état-major et le général du génie Belin, jetèrent des ponts sur la Sprée pour aborder l'ennemi le lendemain. Une belle brigade napolitaine de plus de 3,000 hommes passa la première; mais au moment où elle couronnait une hauteur, un boulet passant au-dessus de leur tête causa chez ces jeunes soldats une telle surprise que toute la brigade tomba sur ses genoux. Un fou rire bruyant des autres troupes produisit un effet tout contraire : Les napolitains se relevèrent aussitôt et abordèrent franchement l'ennemi auquel ils firent beaucoup de mal. Ce fut le début de la grande bataille de Bautzen engagée sur une ligne de plusieurs lieues. Elle dura près de trois jours entre les Français avec les Bavarois, et l'armée combinée des Russes, des Prussiens et des Autrichiens.

Le 12ᵉ corps était depuis 36 heures à lutter contre les efforts des Russes, lorsqu'un boulet traversant le ventre du cheval du chef d'état-major, celui-ci fut lancé en l'air et retomba comme une masse dans un sillon. Relevé bientôt, et ayant à un ruisseau voisin pu se laver la figure écrasée dans la chute, il reparut à côté du maréchal qui le croyait tué.

Peu de jours après le maréchal Oudinot poursuivait les Prussiens : ayant passé un défilé, il déploya ses forces dans une grande prairie, et crut pouvoir attaquer l'ennemi avantageusement établi sur les hauteurs environnantes. Bientôt il fut accablé par l'artillerie, et forcé de se réfugier dans l'un de ses carrés. Alors son chef d'état-major laissé à l'entrée du défilé avec 2 bataillons, une brigade de cavalerie Hessoise et le parc d'artillerie, voyant le danger de cette position, partit avec ses troupes, cacha son mouvement, arriva sur le prolongement des Prussiens, mit ses huit pièces en batterie, et recommanda de bien pointer. Aussi-tôt une dizaine de pièces furent démontées, les lignes fortement entamées dans toute leur longueur, et les colonnes prussiennes mises en pleine déroute.

A quelques jours de là, le maréchal s'était arrêté à un village, et ses divisions étaient en avant. Le chef d'Etat major en parcourant les postes de l'avant-garde, aperçut avec les généraux un faux mouvement du général prussien Bulow qui prêtait ainsi le flanc. Le général Lejeune courut en prévenir le maréchal et lui demanda l'ordre d'attaquer : le maréchal hésita, et quand il l'autorisa, l'occasion était perdue.

Le 9 juin, on publia un armistice. Les armées se réorganisèrent, et le 13 août, cet armistice fut rompu. Le 17, l'ennemi nous prévint de toutes parts et fit reculer les avant-postes.

Après beaucoup de mouvements, de combats sans autre résultat qu'une grande perte d'hommes, le maréchal Oudinot fut remplacé par le maréchal Ney qui reçut à son tour l'ordre de reprendre le commandement de son 3e corps. L'autre, formé des 4e, 7e et 12e fut dissous, et le général Lejeune, cessant d'être chef d'état-major, reçut une brigade forte de 6,000 hommes et composée de cinq régiments français, croates et dalmates. Avec cette brigade il put, après la trahison des Bavarois, dans leur tentative de passer la rivière devant Hanau, leur rejeter dans la rivière 2,000 hommes qui s'y noyèrent. Mais peu de jours après, grièvement blessé à la tête d'un éclat d'obus, il remit son commandement à un colonel et fut obligé de rentrer à Mayence. De là, sans destination, ayant perdu de nouveau tous ses chevaux, ses équipages, il revint à Paris où sa santé exigeait du repos. Ainsi finit la carrière purement militaire du général Lejeune qui, dans ses diverses campagnes, avait reçu plusieurs blessures et avait eu quatre chevaux tués sous lui.

De ce moment, le général Lejeune reprit ses pinceaux, et après avoir presque toujours exposé pendant les courts intervalles de paix un tableau supérieur au tableau précédent, il augmenta chaque année sa réputation de peintre de batailles, et son attaque du convoi de Salinas, en Espagne, fut, à juste titre, considérée comme la plus flatteuse de ses productions. Malheureusement pour l'art, en 1819, il reçut d'un braconnier à la campagne un coup de fusil, à bout portant, qui le blessa horriblement aux deux mains, et lui causa pendant plusieurs mois de grandes souffrances mêlées d'inquiétude. Depuis cette époque, l'état de ses doigts et de sa vue ne lui a plus permis de se livrer à son talent favori avec le même succès, sans toutefois nuire à l'abondance de son imagination et à son goût pour la belle nature.

Le Gouvernement de 1830 l'ayant appelé au commandement de la Haute-Garonne, il se fixa définitivement à Toulouse. Ensuite il accepta la direction de l'Ecole des Beaux-Arts et de l'Industrie, aida les jeunes élèves de ses recommandations, de ses conseils, de sa bourse, et conquit leur reconnaissance avec l'estime générale de la population. Aussi se trouvait-il désigné à l'autorité supérieure, lors des troubles que les ennemis du Gouvernement suscitèrent à l'occasion du recensement de 1841, comme celui dont l'influence pouvait seule ramener la tranquillité. Effectivement, ses manières affables et sa fermeté dans les fonctions de maire surent facilement obtenir l'exécution de la mesure, et le calme étant parfaitement rétabli, il donna sa démission, mais conserva jusqu'à sa mort la surveillance de l'école industrielle.

Le discours prononcé sur sa tombe montrera combien tous lui étaient sympathiques, et l'examen des tableaux prouvera sa richesse intellectuelle dans le choix des épisodes, sans nuire à la vérité historique à laquelle il était principalement attaché.

LEJEUNE.

www.ingramcontent.com/pod-product-compliance
Lightning Source LLC
Chambersburg PA
CBHW060709050426
42451CB00010B/1354